LES ANIMAUX DE LA MER

POUR LES FAIRE CONNAITRE AUX ENFANTS DE 5 A 8 ANS

L'IMAGERIE ANIMALE

LES ANIMAUX DE LA MER

POUR LES FAIRE CONNAITRE AUX ENFANTS DE 5 A 8 ANS

Conception
Émilie BEAUMONT

Images
Lindsey SELLEY

FLEURUS ENFANTS

ÉDITIONS FLEURUS, 11, rue Duguay-Trouin 75006 PARIS

LES CETACES

On distingue les cétacés à fanons, comme la baleine bleue, et les cétacés à dents, comme le cachalot, l'orque et le dauphin. Ce sont des mammifères ; ils donnent naissance à un petit qui leur ressemble et qu'ils allaitent. Ils ont tous, au-dessus de la tête, une sorte de narine, qui s'appelle un évent et par laquelle ils respirent. Le souffle est visible de loin. Les cétacés émettent des sons. Certains leur permettent de se diriger et de localiser des proies, d'autres leur servent à communiquer entre eux.

La baleine bleue

Elle peut mesurer jusqu'à 30 m de long et peser plus de 100 tonnes ! En été, elle nage dans les eaux polaires, et l'hiver elle préfère les eaux plus chaudes. Elle est en général seule ou avec son petit. Elle mange des tonnes de krills (tout petits crustacés qui flottent dans l'eau).

La baleine bleue est le plus grand de tous les mammifères vivant sur notre planète.

L’orque

C’est un animal redoutable, qui se déplace rapidement, en général en groupe dirigé par un chef. Il mesure en moyenne 6 m de long et pèse une tonne.
Sa mâchoire est ornée de dents pointues. Il s’attaque aux éléphants de mer, aux phoques, mais aussi aux baleines et même aux dauphins. Il ne dédaigne pas de temps en temps des poissons comme le thon. Il est doué d’une grande intelligence, s’apprivoise facilement et s’attache à l’homme.

De drôles de dents

La mâchoire supérieure des baleines est ornée de lames très dures : des fanons. Ce véritable barrage filtre la nourriture. L’écartement des fanons varie selon la grosseur des animaux attrapés.

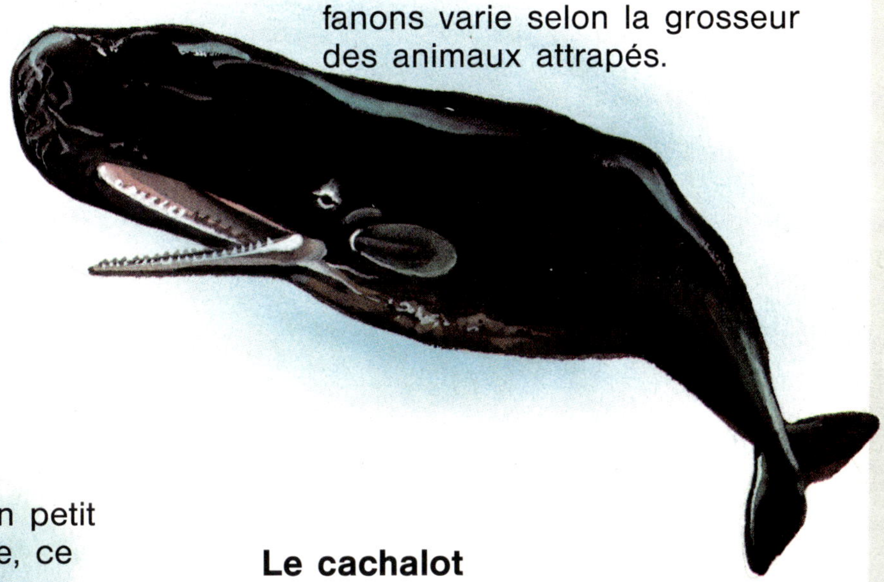

La baleine nourrit son petit avec un lait très riche, ce qui permet au baleineau d’acquérir rapidement une couche de graisse qui le protégera du froid.

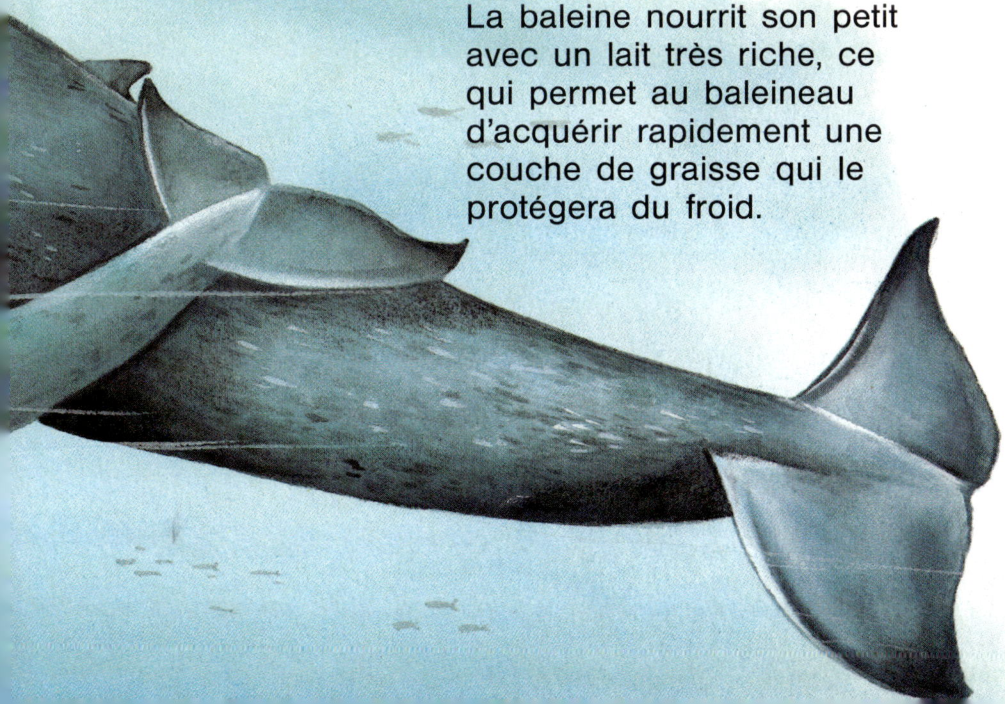

Le cachalot

Ce cétacé est reconnaissable à sa tête énorme, qui représente à peu près le tiers de son corps. Seule sa mâchoire du bas est munie de dents redoutables, pouvant mesurer jusqu’à 25 cm de haut. Les plus grands cachalots pèsent environ 40 tonnes. Le cachalot se nourrit surtout de calmars. Il est capable de plonger à plus de 1 500 mètres pour attraper des calmars géants ! Le cachalot blanc est très rare.

LES DAUPHINS

Le dauphin ne fait pas partie des poissons, c'est un mammifère marin. Il est de la même famille que les baleines et les cachalots. Il se reproduit en donnant naissance à un bébé dauphin qui lui ressemble. Il a un cerveau, un cœur et des poumons, comme l'homme. C'est une formidable machine à nager qui mesure entre deux et neuf mètres de long et qui est capable de se mouvoir très longtemps à plus de 30 km/h. En pleine vitesse, il peut même atteindre 70 km/h. Sa durée de vie est en moyenne de trente ans.

La naissance d'un bébé

Les dauphins s'accouplent en général au printemps et le bébé dauphin naît douze mois plus tard. Sa mère

La peau du dauphin est d'une grande douceur. Quand on le caresse, on croirait toucher de la soie.

Quand bébé dauphin naît, c'est la queue qui sort en premier.

Les dauphins font parfois de superbes ballets nautiques, composés d'une succession de bonds, dans de magnifiques gerbes d'eau.

l'allaite pendant neuf mois. Elle peut faire des petits dès l'âge de huit ans. Les ennemis du bébé dauphin sont les requins.

Le dauphin peut vivre aussi en eau douce, comme celui que l'on trouve dans le Gange (fleuve de l'Inde). Son long bec est muni de nombreuses dents (dessin ci-dessous). Il est aveugle et se nourrit de crevettes et de poissons qu'il déniche dans la vase.

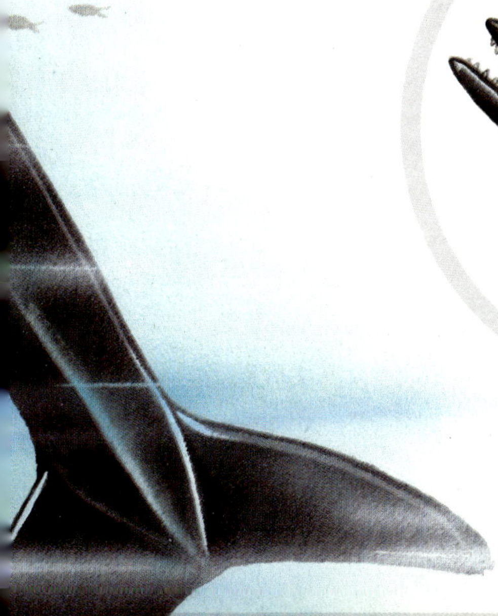

Il existe des dauphins blancs, appelés bélougas.

Les cris des dauphins

Les dauphins communiquent entre eux en utilisant un “langage” très riche, fait de cris et de sifflements. Grâce à des expériences faites sur des dauphins, on sait que certains sons émis leur servent à détecter leurs proies et à s'orienter.

Le dauphin, ami de l'homme

Le dauphin en captivité se dresse très facilement.
Il offre des spectacles merveilleux en donnant l'impression d'être très heureux de faire ses numéros.
Sa queue, très puissante, lui permet de se maintenir hors de l'eau, et même de se déplacer à reculons, tout en gardant le corps droit.

LA PIEUVRE

La pieuvre, ou poulpe, a été décrite par de grands écrivains comme un monstre assoiffé de sang, capable d'entraîner des marins au fond des mers ou de tuer des plongeurs. Il existe effectivement des pieuvres géantes, mais elles sont très rares. Cet animal au corps mou est en général craintif, et s'enfuit très rapidement devant le moindre danger. Il est capable d'allonger son corps pour se faufiler dans des passages très étroits, ou de changer de forme et de couleur pour échapper à ses ennemis.

Sa cachette

La pieuvre fait en général sa maison dans des trous, qu'elle protège souvent par une sorte de mur constitué de pierres, mais aussi de bouteilles, de vieux pneus ou autres objets ramassés au fond de la mer.

Combat contre une murène

Les combats entre murène et pieuvre pour l'acquisition d'un trou sont fréquents. La victoire est rarement pour la pieuvre, qui succombe souvent aux dents redoutables de la murène. Les pieuvres se battent aussi entre elles. La perdante, étouffée, devient grise, puis blanche. Elle finit par lâcher prise, alors que la gagnante devient rouge écarlate.

Équipées pour se défendre

Grâce à leurs huit tentacules munis de ventouses, les pieuvres peuvent tâter, reconnaître, saisir, s'accrocher. Elles ont la bouche munie d'un bec tranchant.

La pieuvre ne pond qu'une fois dans sa vie

Après l'accouplement, qui peut durer plusieurs heures, la ponte intervient plus ou moins vite, suivant les races de pieuvres et les saisons. Des milliers d'œufs pendent ensuite, accrochés à la paroi de la grotte. Ils sont surveillés par la pieuvre, qui en oublie de se nourrir.

De l'encre pour se cacher

Quand elle se sent en danger, la pieuvre lâche une encre noire qui va devenir, en quelques secondes, un véritable écran. Il permettra à la pieuvre de s'enfuir sans être vue de son ennemi.

La moyenne de vie d'une pieuvre est de trois ans. Elle vit en général seule et se nourrit surtout de crabes et de crustacés ; elle adore les langoustes ! Ses ennemis sont les requins, les dauphins, les cachalots, et surtout les murènes.

LES POISSONS

Les poissons ont une colonne vertébrale (l'arête) et, de ce fait, appartiennent à la grande famille des vertébrés. Le poisson se déplace dans l'eau grâce à un mouvement de godille, émis par son corps et par sa queue. Ses nageoires lui servent à garder l'équilibre et à changer de direction. Sa peau est protégée par des écailles plus ou moins grosses et plus ou moins visibles. Son corps est enduit d'un liquide épais et gluant, appelé mucus. Il respire par des branchies qui sont des lamelles rouges situées dans des fentes derrière les yeux.

la raie

Un poisson plat : la raie. Elle a les yeux au-dessus de la tête et des nageoires sur les côtés. Elle vit dans le fond de la mer et s'enfouit dans le sable au moindre danger. Certaines espèces sont capables de faire des bonds hors de l'eau très spectaculaires.

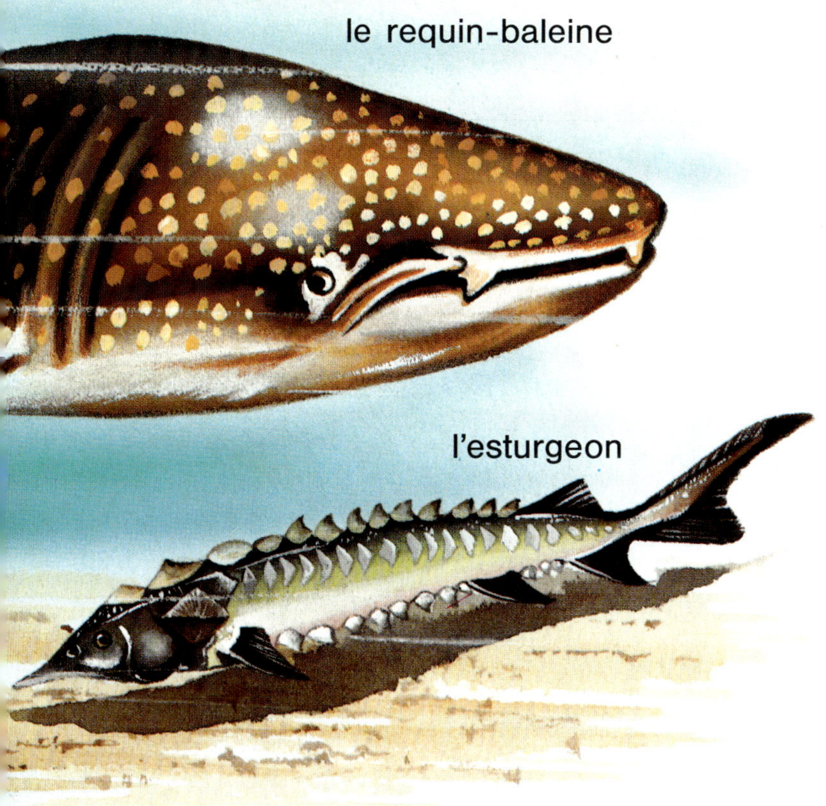

Le plus gros des poissons est le requin-baleine. Il peut mesurer jusqu'à 20 mètres de long, mais c'est le plus gentil des requins. Le plus petit des poissons mesure 1 cm.

Le poisson qui vit le plus vieux est l'esturgeon. Il peut vivre jusqu'à 100 ans, alors que la moyenne de vie des poissons se situe entre 5 et 20 ans.

Quand bébé poisson sort de l'œuf, c'est un alevin.

Il y a même des poissons volants !

Pour fuir l'ennemi, le poisson volant prend son élan, puis, arrivé à la surface de l'eau, il décolle et vole au-dessus des vagues pendant quelques secondes. Il se sert de ses nageoires en guise d'ailes. Il peut atteindre une vitesse de 70 km/h.

Le poisson-perroquet

Sa bouche se termine par un bec dur et tranchant qui lui permet de brouter les coraux à la recherche d'algues et d'animaux microscopiques. Avant de s'endormir, il sécrète une substance semblable à de la cellophane et il s'enroule dedans pour se protéger.

Les poissons pondent des œufs. Certains se déposent sur le sable ou s'accrochent aux algues. D'autres flottent dans l'eau.

LES SAUMONS

Le saumon est un poisson étonnant. Il est capable de passer de l'eau salée à l'eau douce et de revenir exactement dans la rivière où il est né, plusieurs années après. Ce beau poisson peut atteindre parfois 2 m de long. Mais le saumon sauvage est en danger, car il a besoin d'une eau pure pour se reproduire. Or, les rivières sont de plus en plus polluées par des déchets en provenance des usines ou des égouts. La pêche intensive est aussi une cause de leur disparition dans certaines régions.

Quel courage !

Pour se reproduire, le saumon retourne dans la rivière, là où il est né. Guidé par son extraordinaire odorat, qui peut reconnaître les odeurs de sa rivière, le saumon quitte la mer et commence un long voyage. Il remonte les cascades, lutte contre les courants, saute par-dessus les rapides. Il peut faire des bonds de

Quand les saumons quittent la mer pour remonter les rivières, ils subissent certaines métamorphoses : ils changent de couleur et, chez les mâles, la tête se déforme, leurs mâchoires se modifient et un bec crochu apparaît.

deux mètres de haut, poussé par une force irrésistible. Dans certaines rivières, les hommes ont installé des échelles spéciales pour aider les saumons à passer des chutes d'eau trop importantes. Mais peu de saumons arrivent au terme de leur voyage, beaucoup se blessent ou se fracassent sur les rochers au cours de ce long trajet.

Après l'accouplement et la ponte, les saumons se mettent à vieillir rapidement et meurent peu de temps après.

La ponte des œufs

La femelle dépose ses œufs, d'une belle couleur orangée, sur le sable ou le gravier. Elle peut pondre jusqu'à deux mille œufs. Les jeunes saumons ne retourneront vers la mer qu'à l'âge de deux ans.

Des "fermes" à saumons

Dans certaines régions sont installées des "fermes" où l'on élève des saumons. Généralement situées à l'endroit où les rivières se jettent dans la mer, ces fermes sont constituées de bassins en bois dans lesquels se trouvent des filets. Les bassins sont remplis de bébés poissons à qui l'on donne beaucoup de nourriture pour qu'ils grandissent vite !

LES REQUINS

Quand on parle des requins, on pense tout de suite à des monstres redoutables, de grande taille. C'est vrai qu'ils n'ont pas bonne réputation, mais, sur les deux cent cinquante espèces existantes, trente sont réellement dangereuses. Par exemple, le plus grand de tous les requins, le requin-baleine, qui mesure jusqu'à 20 m de long, est inoffensif : il ne mange que des animaux microscopiques. En revanche, le requin blanc de 6 m de long est redoutable ; on l'a baptisé : mangeur d'hommes.

Le requin est un glouton

Le requin mange surtout la nuit. Il est friand de calmars, mais aussi de tous les poissons qui se trouvent à sa portée. Il attaque même d'autres requins et des baleines. Quand il ouvre sa gueule pour attraper de grosses proies, la mâchoire du bas

Le requin bleu est sans doute le plus beau de tous les requins, par sa couleur et sa forme. Il vit surtout en solitaire et il est dangereux. Il peut mesurer jusqu'à sept mètres de long. Sa mâchoire est une arme redoutable, munie de sept rangées de dents coupantes comme des lames de rasoir...

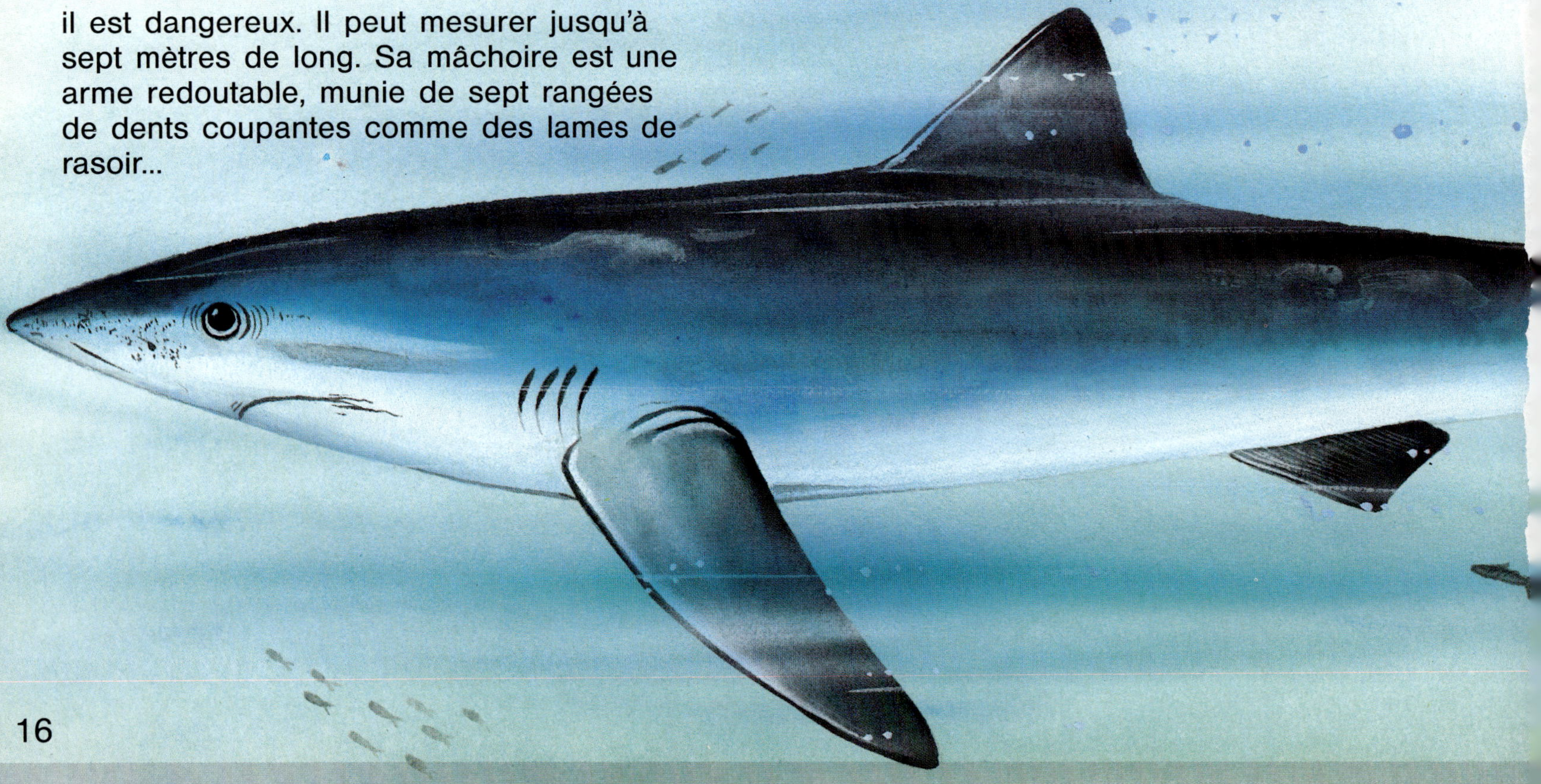

Mâchoire de requin

Les dents sont nombreuses et serrées les unes contre les autres. Incroyable : lorsqu'une dent est détruite, une autre repousse en huit jours !

Les dauphins attaquent

Les dauphins se mettent à plusieurs pour attaquer un requin : ils foncent dessus et le percutent à grande vitesse dans la région ventrale, ou encore ils détruisent ses ouïes, ce qui provoque sa mort.

s'allonge vers l'avant et celle du haut se relève. Ainsi, la bouche se retrouve en avant et non en dessous de la tête. Les requins sont attirés par le sang, qu'ils peuvent sentir de très loin. Ils se précipitent alors sur l'animal blessé comme des fous et le déchiquettent. Les requins avalent parfois des objets non comestibles comme des morceaux de bois, de ferraille... Quel estomac !

De drôles de têtes

Parmi les différentes espèces de requins, deux présentent une tête curieuse. **Le requin-marteau** : regarde où sont placés les yeux ; et **le requin-scie**. Lorsque ce requin voit un banc de poissons, il donne des coups de scie dans tous les sens et ensuite il attrape les poissons morts ou blessés.

DES POISSONS CONNUS

Regarde cette double page attentivement : tu peux observer des poissons dont tu connais le nom, mais pas forcément la forme. Ces poissons sont souvent victimes d'une pêche intensive, pratiquée avec de très grands filets qui ramassent aussi bien les petits que les adultes, ce qui entraîne la disparition de certaines espèces. Sais-tu que l'homme pêche chaque année environ soixante millions de poissons ? C'est énorme ! Il y a environ 20 000 espèces de poissons comestibles, c'est-à-dire que l'on peut manger.

Les maquereaux

Ces poissons, au dos zébré de noir, se déplacent souvent en bancs, c'est-à-dire en groupes de plusieurs centaines de poissons.

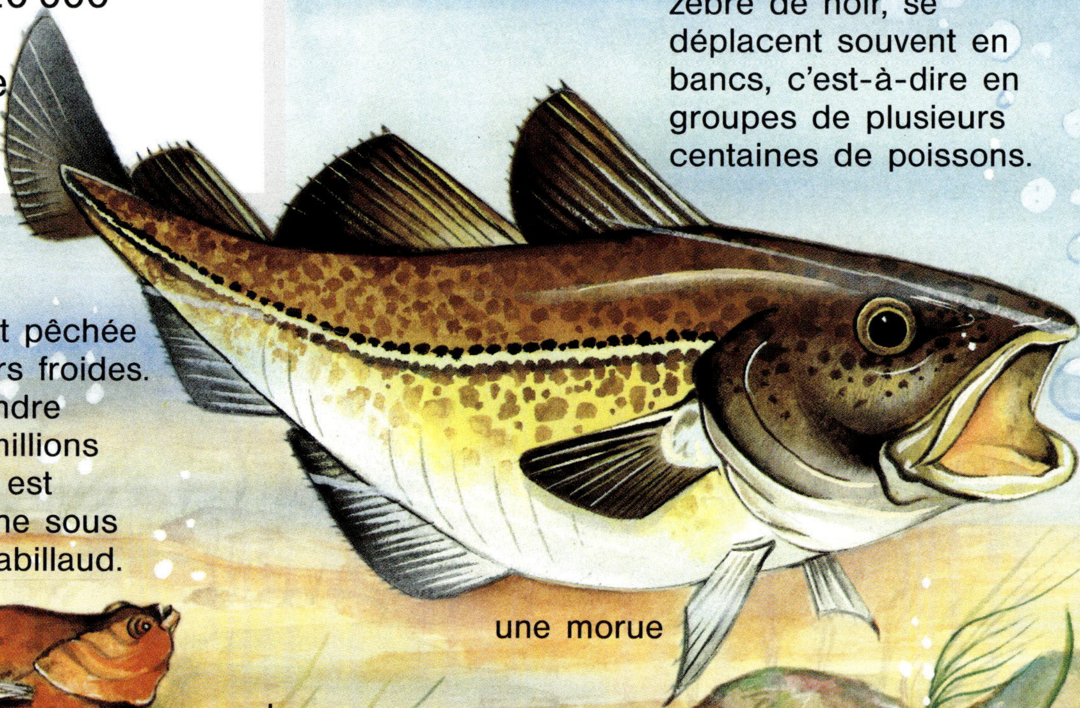

La morue

La morue est pêchée dans les mers froides. Elle peut pondre jusqu'à dix millions d'œufs ! Elle est vendue fraîche sous le nom de cabillaud.

Turbot et sole

Ce sont des poissons plats, avec les yeux au-dessus de la tête. On les trouve au fond de la mer. Ils s'enterrent souvent dans le sable. Ils se déplacent en faisant onduler leur corps.

La rascasse

Ce drôle de poisson, avec sa tête épineuse, est aussi appelé crapaud de mer ou diable des mers.

Les sardines

Ces poissons, au dos bleu-vert et au ventre gris argenté, se déplacent par bancs.

Le mulet

En Afrique, il arrive souvent que des bancs de mulets soient capturés par des pêcheurs grâce à la collaboration des dauphins. Les hommes frappent l'eau avec des bâtons et les dauphins, entendant le bruit, poussent les mulets vers les filets.

Le merlan

C'est un poisson très abondant, qui se déplace régulièrement en bancs. On le rencontre dans les mers froides. Il mange de petites crevettes, de petits poissons et des œufs.

Le thon

Il y a deux sortes de thons : le thon blanc, qui peut atteindre 1 mètre de long, et le thon rouge, qui peut mesurer 3 m. On trouve ce dernier en Méditerranée et dans l'océan Atlantique. Il est capable de nager très vite, jusqu'à 70 km/h. Comme il est très lourd, il est condamné à nager sans s'arrêter, sous peine de couler.

DE DROLES DE POISSONS

Le monde sous-marin est peuplé de créatures bizarres. Regarde bien cette double planche ; on a sélectionné quelques poissons étranges, dont certains vivent dans les grandes profondeurs, complètement dans l'obscurité, et d'autres dans des mers chaudes.

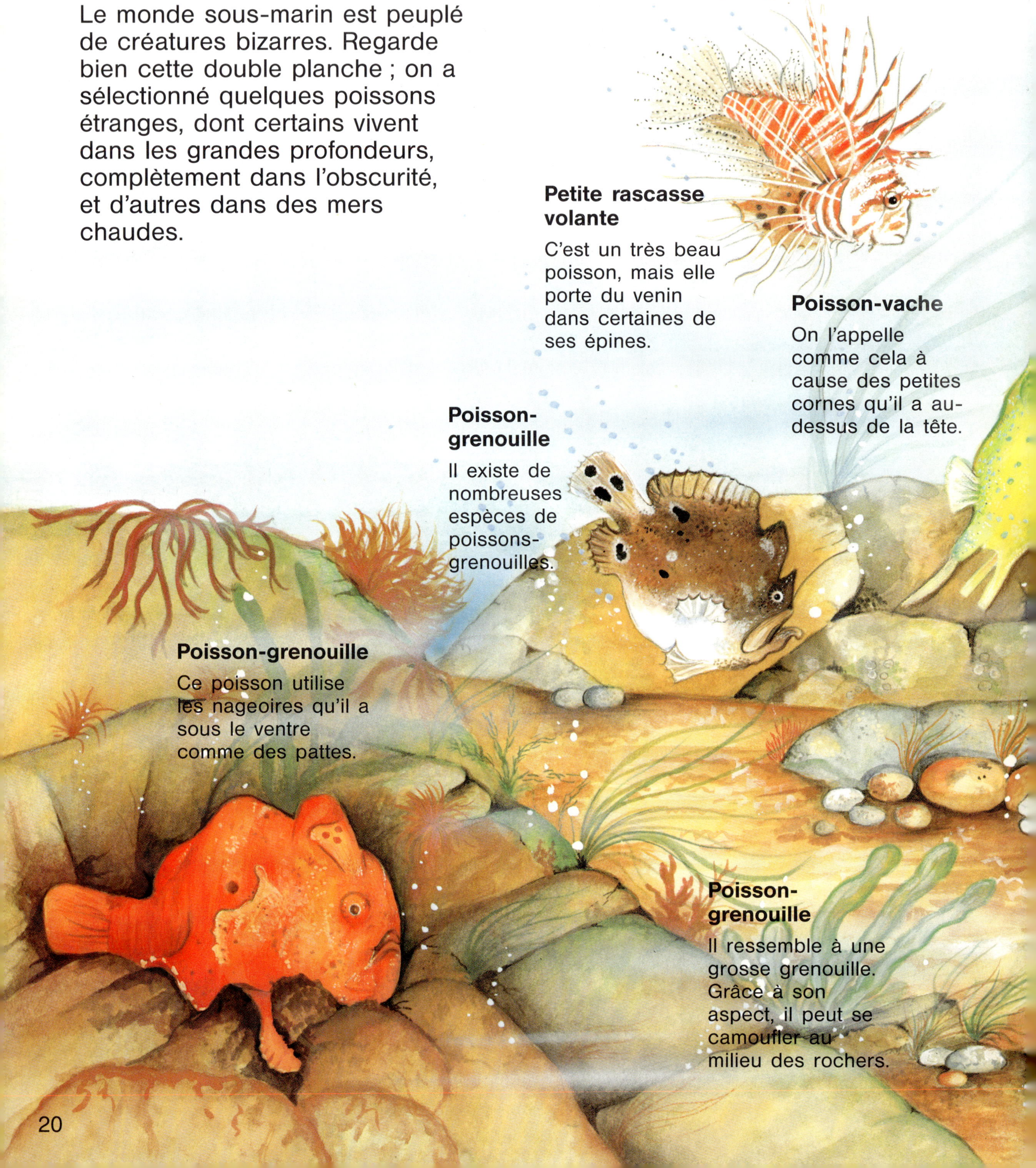

Petite rascasse volante

C'est un très beau poisson, mais elle porte du venin dans certaines de ses épines.

Poisson-vache

On l'appelle comme cela à cause des petites cornes qu'il a au-dessus de la tête.

Poisson-grenouille

Il existe de nombreuses espèces de poissons-grenouilles.

Poisson-grenouille

Ce poisson utilise les nageoires qu'il a sous le ventre comme des pattes.

Poisson-grenouille

Il ressemble à une grosse grenouille. Grâce à son aspect, il peut se camoufler au milieu des rochers.

Poisson-porc-épic

Quand il a peur, il se gonfle d'eau et sort ses piquants. Il ressemble alors à une pelote d'aiguilles. Ce poisson sécrète aussi un poison qui entraîne la mort de celui qui l'avale.

Poisson-ballon

Il a un bec très dur qui lui permet de manger de petits crustacés.

Poisson-vipère

C'est un poisson qui vit dans les grandes profondeurs. Son corps présente des petits points lumineux qui attirent les poissons. Il ne lui reste plus, après, qu'à les attraper. Sa mâchoire est ornée de dents très pointues.

Poisson-scorpion

QUELQUES CRUSTACES

Les crustacés vivent dans les rochers au bord des plages, ou dans le fond de la mer. Au fur et à mesure qu'ils grandissent, ces animaux sont obligés de changer de carapace. On dit qu'ils muent. Ainsi, le homard change environ vingt fois de carapace jusqu'à l'âge de cinq ans ! Après leur mue, les animaux sont vulnérables, car leur corps n'est plus protégé. Ils se cachent alors dans des trous en attendant que leur nouvelle armure soit dure. Certains, comme le homard, mangent même leur ancienne carapace.

Le plus gros homard trouvé pesait 20 kg et mesurait 1 m de long.

Le homard

Il s'attaque parfois à des poissons comme la murène, lorsqu'elle est coincée entre deux rochers. Il peut se battre avec un autre homard. Les pinces jouent un rôle important dans sa nutrition : la plus grosse sert à écraser et à broyer, la plus petite, armée de dents fines et pointues, sert à déchirer les proies.

un bernard-l'ermite

La langouste, contrairement au homard, a de petites pinces. De longues antennes très sensibles l'informent sur son environnement.

L'araignée de mer ressemble à un gros caillou, ce qui lui permet de passer inaperçue.

Les crabes ont des pinces plus ou moins grosses. Le crabe violoniste, lui, a une seule grosse pince, qu'il agite pour attirer les femelles.

Le bernard-l'ermite est un crustacé à corps mou sans carapace. Il récupère des coquilles vides pour s'y installer.

une araignée

un crabe tourteau

Les petites larves qui sortent des œufs des crustacés ne leur ressemblent pas. Elles doivent subir plusieurs transformations avant de ressembler à leurs parents.

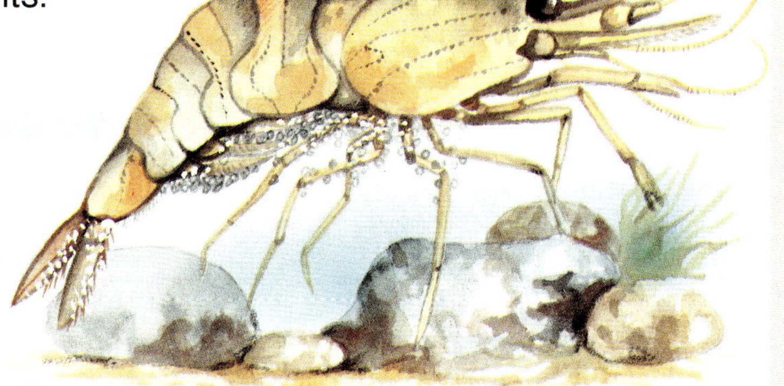

Les crustacés pondent des œufs

La crevette, comme les autres crustacés, pond de tout petits œufs, qu'elle garde accrochés entre ses pattes pendant presque six mois.

Bien à l'abri

Ce crabe minuscule s'est glissé dans une moule pour échapper à ses ennemis. La moule l'accepte bien volontiers, car il absorbe les particules de nourriture qui ne l'intéressent pas.

Pour lutter contre leurs ennemis, certains crabes s'enfouissent dans le sable, d'autres se cachent dans les fentes des rochers ou s'enveloppent d'algues.

DES COQUILLAGES

Les moules

Elles vivent agrippées aux rochers, sur lesquels elles se fixent à l'aide de petits filaments.

La coquille Saint-Jacques

Elle se prélasse la plupart du temps sur le sable. Mais, quand un ennemi arrive, elle s'enfuit très vite : elle fait de grands bonds en ouvrant et en fermant brusquement sa coquille.
Elle échappe comme cela à l'étoile de mer, son principal ennemi.

Coques et palourdes

Ces coquillages se cachent à l'abri de leurs ennemis en s'enfouissant dans le sable. Ils se déplacent en ouvrant et en fermant rapidement leur coquille.

Les couteaux

Ils creusent des trous très profonds dans lesquels ils se réfugient.

Les patelles

Elles sont reconnaissables à leur coquille en forme de chapeau chinois.
A marée basse, elles se fixent sur des rochers grâce à une ventouse.
Elles profitent de la marée haute pour chercher des algues microscopiques dont elles raffolent.

Les huîtres

Il existe une race d'huître particulièrement recherchée, car elle donne des perles.
Quand un grain de sable entre dans la coquille, l'huître sécrète de la nacre, qui recouvre le grain par couches successives : le grain de sable devient une perle.

Les bigorneaux et les bulots

Ces deux escargots sont protégés par leur coquille qu'ils peuvent fermer grâce à une petite "porte" très dure, appelée opercule.

Les turritelles

Les turritelles se servent de leur forme (on dirait une vis) pour pénétrer dans le sable en tournant sur elles-mêmes.

LA TORTUE LUTH

C'est une tortue géante, dont les plus gros spécimens peuvent mesurer plus de 2 m de long et peser plus de 500 kg. Ce sont des tortues qui fréquentent surtout les eaux chaudes. Longtemps chassées pour leur viande et leur graisse, ces animaux sont maintenant protégés. Des hommes sont chargés de les surveiller lorsqu'elles pondent afin qu'elles ne se blessent pas sur les plages, souvent parsemées de troncs et de branches d'arbres. La tortue a une bouche dépourvue de dents, mais munie d'un bec crochu.

Les tortues parcourent parfois plusieurs milliers de kilomètres pour venir toujours pondre sur la même plage. Seule la femelle sort de l'eau.

Une seule idée : retourner à la mer

Pourtant épuisée après la ponte de ses œufs, la tortue ne se repose pas. Elle retourne tout de suite à la mer ; en s'aidant de ses pattes avant, elle rampe jusqu'à l'eau, mais ce n'est pas facile de déplacer tous ses kilos ! Les bébés tortues sont aussi attirés par l'eau dès leur naissance. Mais, malheureusement, de nombreux dangers les guettent sur le sable: les crabes en sont friands, ainsi que les oiseaux et les varans (qui sont des gros lézards).

La tortue pond des œufs

La tortue creuse un trou très profond avec ses pattes arrière et y dépose ses œufs. Elle ne les couve pas, elle les recouvre de sable, camoufle le trou et retourne à la mer. Deux mois après environ, chauffés par le soleil, les bébés tortues cassent leur coquille grâce à une petite dent qu'ils ont sur le museau. Ils remontent ensuite à la surface, à l'air libre.

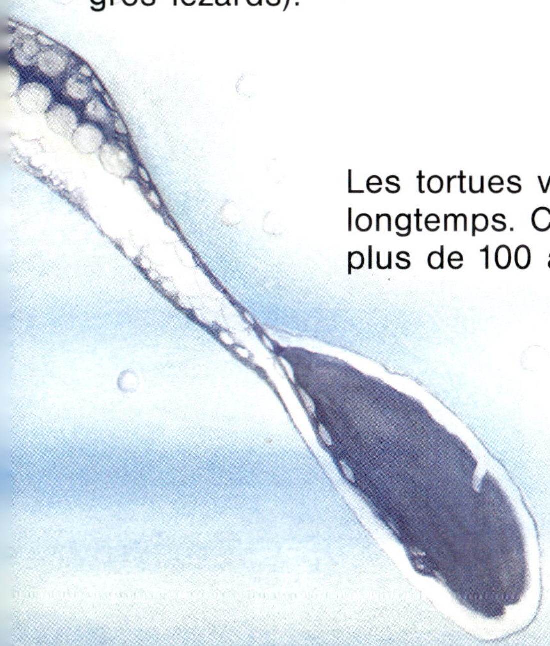

Les tortues vivent très longtemps. Certaines ont plus de 100 ans.

Prisonnières de la boue

Parfois, les tortues pondent sur des plages recouvertes de boue. Leur progression est alors pratiquement impossible. Elles s'enlisent et, petit à petit, perdent leurs forces. Si l'homme ne vient pas les sauver, elles meurent d'épuisement.

TABLE DES MATIÈRES

Dépôt légal Avril 1992
Imprimé en Italie